CAMINHO SEM SOMBRAS

Do mesmo autor

Série
Livros de Bolso

A Luz dentro de Ti

✧

Portal para um Reino

✧

Não Estamos Sós

✧

Ventos do Espírito

✧

O Encontro do Templo

✧

A Paz Existe

✧

Caminho sem Sombras

nesta Editora

Vide obra completa de Trigueirinho no final do volume.

TRIGUEIRINHO

CAMINHO SEM SOMBRAS

Editora Pensamento
São Paulo

Capa e ilustrações:
ARTUR DE PAULA CARVALHO

Edição	Ano
3-4-5-6-7-8-9	99-00

EDITORA PENSAMENTO LTDA.
Rua Dr. Mário Vicente, 374 — CEP 04270-000 — São Paulo/SP
Fone: 272-1399 — Fax: 272-4770
E-MAIL: pensamento@snet.com.br
http://www.pensamento-cultrix.com.br

Impresso em nossas oficinas gráficas.

Índice

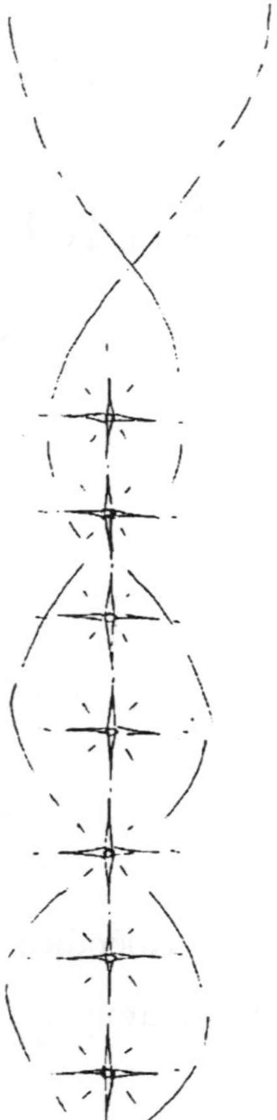

AO LEITOR

A série de sete livros de bolso que se encerra com este volume surgiu da necessidade de sintetizarmos alguns dos temas tratados em toda a obra que publicamos de 1987 a 1998. Grupos de estudos e de formação espiritual inspirados por esses textos passaram a reunir-se em vários países, e precisavam de temas para íntima reflexão e desenvolvimento de seu potencial interno.

Cada livro desta série tem um modo de impulsionar o mergulho na essência do ser, a união com o mundo interior. Embora independentes uns dos outros, podem ser para o leitor uma trajetória em direção a uma nova etapa de vida. É uma coleção preciosa para os que sentem o chamado a imprimir na própria existência os sublimes princípios de uma conduta pura.

A LUZ DENTRO DE TI é o primeiro da série. Compõe-se de textos que dão ao leitor elementos para a sua formação e para a descoberta da semente de luz que vive em seu interior.

PORTAL PARA UM REINO representa a etapa em que essa semente de luz, após ter brotado, rompe os limites do solo e depara com o sol, com o ar e com plantas maiores que lhe dão frescor. Trata do contato com centros energéticos do planeta que auxiliam o desenvolvimento da alma nos seres humanos.

NÃO ESTAMOS SÓS exprime a formação do caule dessa planta, a consciência de que há um caminho a ser seguido, opções evolutivas a serem feitas e provas a serem vividas, para que se cumpra o verdadeiro propósito da nossa existência sobre a Terra.

VENTOS DO ESPÍRITO sugere a fase em que a vida da planta se concentra nas folhas, na respiração em sincronia com os ritmos do universo. Dedicado à oração, o livro nos inspira e traz clareza para lidar com assuntos materiais sem nos confundirmos com eles.

O ENCONTRO DO TEMPLO é o momento em que a planta floresce, com beleza e harmonia. Um convite para transpormos os limites da consciência individual e participarmos da vida de grupos de almas e dos trabalhos da Hierarquia planetária.

A PAZ EXISTE diz respeito à frutificação da planta. Seu texto é alimento para a vida de serviço que o leitor já terá assumido ou que se prepara para encontrar.

Por fim, CAMINHO SEM SOMBRAS representa a etapa em que a planta, após frutificar, oferece suas sementes para o nascimento de novas plantas. Essa obra apresenta uma série de mantras em idioma Irdin, com suas partituras, para uso individual ou em grupos.

Nesses livros há energia não só para a conclusão de um ciclo de vida, mas também estímulo para iniciar uma nova trajetória, desconhecida, que reaproximará o peregrino de sua origem imortal.

Estão ofertados aos que empreendem o retorno à sua verdadeira Morada, neste tempo de especiais oportunidades dadas pelo espírito.

PARTE 1

Começam a cair os obstáculos a um contato livre e estável com civilizações e seres sutis que habitam os mundos internos. Essa comunicação estará aberta se nos planos concretos em que vives forem criados os necessários e invisíveis canais magnéticos.

Há milênios vens sendo preparado e muito já incorporaste dos ensinamentos transmitidos por nossos mensageiros que em todos os tempos vieram à Terra. Se estás consciente da parte que te cabe na tarefa de auxílio ao planeta, então é chegada a hora de viveres em conformidade com o que já aprendeste.

Se já viste que os caminhos terrestres não preenchem tua necessidade de renovação; se já experimentaste os limites do amor humano e o vazio trazido pelas realizações puramente materiais; se já provaste a desilusão, então chegaste ao ponto de te voltares com empenho aos mundos internos e à vida mais abundante.

Segue as leis espirituais, pois sempre te indicarão a direção segura. Observando preceitos sublimes, deixa que eles façam nascer em ti a gratidão e o reconhecimento pela tua condição de filho de Deus. Mantém-te estável nesse estado interno.

Não está nas possibilidades do mundo concreto e de suas forças solucionar os impasses da tua vida física e a situação caótica do planeta. Une-te aos que com espírito de serviço aceitam a silenciosa tarefa de construir canais por onde a luz espiritual possa desanuviar as sombras, e as consciências humanas sedentas de vida pura possam ascender a níveis de paz e harmonia.

A natureza inalterável do teu núcleo espiritual mais profundo te dará a estabilidade que estes tempos caóticos demandam, sem te levar à estagnação, à apatia e à inércia.

Foi preciso chegares a esta densidade material de hoje, para aspirar a transcender o plano das formas. Embora pouco ou nada conheças da vida além das leis materiais, sentes o chamado para penetrá-la.

Dias luminosos te aguardam.

+

Simplifica a tua mente. A fantasia e a imaginação já desencaminharam muitos. A humildade e a disciplina interior — que leva a cumprir a Lei espiritual e a compreender a vontade do eu interno — são os trilhos do teu caminho.

Nestas horas críticas desta civilização, a ilusão tem grande poder de ofuscar a consciência humana. Não percas de vista que estás nesse conjunto e então reconhecerás os impulsos que vêm dos planos espirituais. Perceberás a vibração que trazem pela energia com que te permeiam e não te enganarás.

Estás imerso numa aura planetária de que fazem parte civilizações invisíveis, intraterrenas e suprafísicas. Em mundos paralelos a este em que vives há seres de civilizações sutis que trabalham pela tua maior integração e harmonia com a vida do teu espírito.

Canais e passagens interdimensionais permitem que as diversas civilizações se interpenetrem e se comuniquem. A comunhão entre seres e energias é facilitada onde esses canais são aprimorados.

Podes colaborar com essa união de mundos se elevares teu estado de consciência e tocares a tua própria essência imaterial.

+

A vibração das tuas palavras e atos pode ativar, transmutar ou dissolver estados de inércia e negatividade. Consciente dessa tarefa, não pactues com o caos. Que, vigilante, estejas pronto para semear o Bem e para atuar sem te inibires por obstáculos que a vida externa pode criar.

Viemos a ti atraídos pela energia que nos une. Fraternalmente esperamos tua participação consciente na realidade de planos sutis. Compartilhamos, há muito, da mesma fonte energética porque optamos por viver essa irmandade.

Tua experiência na matéria, tua queda, teu aprendizado no uso do livre-arbítrio e agora tua ascensão foram acompanhados por Nós, e sempre soubemos que nos reuniríamos no mesmo trabalho.

Mas a energia da fé deve estar firme em teu ser, e ela se aprofunda se em ti já não houver lugar para o egoísmo. Permanece diante do Eu Interior com a serena confiança de seres conduzido por Ele.

As bases para prosseguires não te serão reveladas por luz alguma fora de ti. Mesmo que alguém siga o caminho contigo e possa ajudar-te, nos momentos de provas é dentro de ti que encontrarás os meios para superá-las.

Não te deixes confundir pelas aparências do Caminho. Fortalece o fervor com que te diriges à Consciência Maior. Reconhece a tua luz e deixa que ela cresça.

Busca a realidade interna como a uma pérola escondida, e desprende-te das capas que ocultam a tua beleza interior.

+

Não deixes escoar tua energia na desagregação coletiva, embora seja esse o estado de muitos que conheces. Sabes o que deves fazer: calar a mente e aderir ao serviço que te é indicado, com simplicidade, atento aos sinais interiores e sem nada ambicionar para ti.

Mas tua ascensão não precisa ser uma vida de conflitos. Por isso, busca as trilhas da harmonia, mesmo que te custe renúncias. Vale-te do serviço como meio de moldar a vida formal segundo padrões superiores.

Teus passos propiciarão impulsos para o despertar interior dos teus semelhantes. Tua adesão com inteireza ao serviço que tens a prestar facilitará aos demais o reconhecimento de tarefas espirituais por vezes invisíveis.

Um trabalho sutil é confiado aos que compreendem a alquimia de um viver saudável. Essa aprendizagem é feita na vida diária, ao manteres a consciência voltada para o Mais Alto e não para as aparências.

Na simplicidade encontrarás as chaves para o desconhecido, o inusitado, e para descobrir o Novo. Mas se necessitas saber de antemão o que te espera, se precisas ver onde vais pisar antes de dar o passo decisivo, então ainda estás longe de conhecer a verdadeira entrega que te libertará.

+

Já não correspondem à tua consciência ações contrárias ao teu serviço evolutivo. Se te dispersares com o que não te diz respeito — mesmo que positivo —, serás apenas um ser de boa vontade, preocupado com o desejo de ser bom e não com o serviço em si, impessoal e universal.

As leis reveladas não servem só para enriquecer teus conhecimentos espirituais. Se verdadeiramente as seguires, irradiarás amor e perdão, e tudo será para o bem.

Sê benevolente nos teus atos e encontrarás compreensão.

+

Já sabes que não és desta Terra, mas do cosmos. Após a purificação que está para acontecer na superfície do planeta, muitos perceberão que é esse o seu verdadeiro estado interior.

São raros os que conhecem essa realidade, e mais raros ainda os que vivem segundo essa consciência mais ampla. Mas o engano de muitos não deve influenciar tuas decisões nem a tua entrega ao que tens a cumprir.

Para fazeres teu trabalho terás as informações que precisas. Isso se dará quando as chaves para os planos te forem reveladas, e tiveres vencido as primeiras provas.

As provas são:

- solidão
- medo
- angústia
- soberba
- luxúria
- ambição sutil
- avareza
- orgulho pela auto-realização
- ânsia de poder
- sentimentalismo
- dúvidas sobre o valor da entrega
- falta de devoção
- infidelidade.

Precisas deixar de trair. Sabes o que a traição significa em seus graus de sutileza?

A ti é pedida fidelidade à Lei Maior.

+

Teu serviço ao mundo está destinado a desenvolver-se da semente ao fruto e a gerar novas sementes. Será uma árvore sadia, embora até hoje se tenha mantido oculto nos planos internos da tua vida.

Estás encarregado de tarefas benditas. Terás toda a ajuda que necessitares de nossas Hierarquias, e disso não deverás duvidar. Mas não esperes que façamos por ti o que te cabe realizar.

Se cometeres uma falta, invoca a fé, abre-te à direção interna. No espaço sublime do teu ser interior estarás em comunhão conosco, e nada nos poderá separar.

Não tens valor pelo que fazes externamente. O que importa é tua entrega à vontade do espírito. Os acontecimentos de tua vida externa decorrerão disso e do controle que adquiriste sobre tuas forças e sobre os teus corpos materiais.

Não se chega ao conhecimento apenas por ações meritórias. Tampouco se pode estar em nossa presença por estudos teóricos, por adiantados que sejam. E tem sempre presente que com simplicidade e pureza darás mais passos que se tiveres ambição de evoluir.

Estás sendo preparado para contribuir no resgate de um planeta que até hoje abrigou seres perdidos e forças desviadas da evolução superior. Para isso, tratamos da liberação dos teus laços materiais e da redenção da tua matéria.

+

A cada instante tanto podes caminhar em direção à Luz quanto te deteres nos pontos já alcançados. Mas para atingires a meta última a transformação há de ser contínua, e a purificação que não deves adiar despertará a radiância das tuas células.

As células têm comunicação subconsciente com a consciência maior. Essa consciência agora se eleva, e tuas células podem segui-la nessa escalada de sutilização.

Mas nem todos os elementos celulares são resgatáveis, e nem todos se adequarão a compor os novos corpos que vão habitar a superfície da Terra nos tempos vindouros. Alguns são incompatíveis com a vibração que a humanidade expressará em seu novo código genético, mais sutil e de origem imaterial, agora implantado nos níveis suprafísicos de todos os seres receptivos a mudanças.

Aspira à vida superior, eleva-te e serás transformado.

+

A evolução superior seria impossível sem o auxílio dos que já transcenderam a vida material da Terra e agora formam a Hierarquia espiritual do planeta. Hoje um dos trabalhos desses elevados seres é retirar de todas as células seus elementos retrógrados. Assim a matéria terrestre prosseguirá o seu percurso, sem desintegrar-se durante a seleção que ocorrerá na espécie humana e nos outros reinos da Natureza.

Ao assumires a tua purificação e a transmutação do teu ser, estarás coligado ao trabalho desses Irmãos ascendidos. Não é preciso teres experiências místicas ou conhecimento de fatos ocultos, mas permitires que o Amor e a Luz do cosmos permeiem tua existência.

Teus Irmãos Maiores não levam em conta as tuas limitações — percebem teu estado interior e tua aspiração. As provas que viverás te impulsionarão a níveis acima desses em que te encontras; ao superá-las, verás que não és o mesmo de antes.

+

Desde o princípio da Terra a luz foi combatida pelas forças negativas que formam a densa estrutura de poder nesta órbita. Mas a sabedoria eterna reserva para ti e para teus irmãos a existência onde o mal é neutralizado, e auxiliamos no teu despertar para um estado de consciência onde o confronto com essas forças não existe. Nesse estado, conhecerás a tua realidade sublime.

Em Nós não há tendência ao confronto nem ao conflito. Nossos instrumentos são o amor e a entrega à lei maior. Mas amor e entrega não supõem conivência com o caos e, por isso, nos vês agir como raios de destruição renovadora sempre que necessário.

Tua capacidade de transmutar e dominar correntes negativas que circulam pelo mundo é ainda limitada. Elimina do teu ser os elementos que te conectam com elas, para lidares impunemente com isso. Tens sido ajudado a te desligares de antigos aspectos obscuros, mas dizemos-te uma vez mais: resguarda-te sempre.

+

Quando a Luz que te inspira recolher-se a níveis internos, acompanha-a. Chegará a hora em que as forças do caos lançarão seus derradeiros tentáculos sobre a Terra. Agonizante, o mal agirá ainda com mais violência, dilacerando o que puder atingir. Mas será pela última vez.

Deves então permanecer impassível. Nenhum movimento, nenhuma ação será oportuna. Cada chispa de luz que se acender no mundo concreto provocará forte reação dessas forças caóticas. Elas não buscam os "perdidos", pois já os terão confundido; buscam os que ainda têm vivo em si o amor pelo Mais Alto.

Vigia. Nem todos vão viver nesses dias tumultuados, pois já terão partido deste mundo; mas alguns estarão a serviço na face da Terra e terão assim provada a própria fé. Guarda silêncio e entrega-te em segredo ao mais íntimo do teu ser, pois nessas profundezas construirás o templo que te dará a paz dos mundos internos.

O que mais vale no caminho espiritual é a decisão de transformar-se. Que estejas desapegado do teu ego, dos teus intermináveis processos humanos, de teus lauréis e de tuas imperfeições. Entrega toda a tua vida ao teu ser interno e dá os passos que por ele te forem indicados.

No patamar em que despertares para a compreensão espiritual, lá nos encontraremos.

PARTE 2

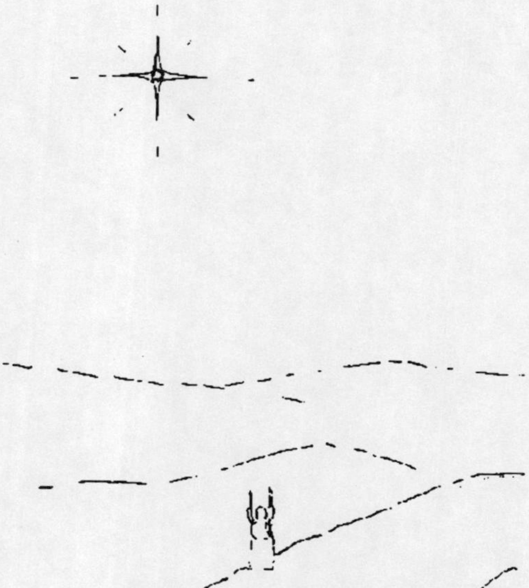

No silêncio, imparcial diante de tudo e todos, é que buscarás soluções para as provas trazidas pela vida. Nessas provas, lembra-te de que cada ser tem em seu interior um templo de sabedoria a ser conhecido e habitado.

A alguns foi dada a tarefa de educar, de transmitir o Ensinamento acerca da vida interior. Se esse é teu caminho, principalmente nos momentos de caos não te baseies só no conhecimento do intelecto. As indicações da sabedoria no Livro da Vida não se repetem. Assim, não projetes no teu caminho sombras do teu passado, nem dos demais seres que encontrares.

Os caminhos da magia já atraíram e arrastaram servidores de boa vontade, e o que os leva a essas vias obscuras é o desejo de agir segundo as próprias preferências. Cultiva a impessoalidade e sê neutro para não cair nesse engano. Entrega a condução e os frutos das tuas obras ao Senhor e segue a Lei. Assim escutarás o som que conduz à vida cósmica.

No cumprimento das tarefas, não temas o assédio de forças adversas. Mas não as desafies, pois seria grande o dispêndio de energia para retomares teu estado de equilíbrio e de silêncio.

Forças obscuras circulam aos quatro cantos da Terra. Espalham ódio e espírito de vingança e no combate encontram deleite e satisfação. Estruturas materiais e instituições são comandadas por essas forças retrógradas, que buscam destruir, dilacerar e contrapor-se ao movimento evolutivo. Essas forças têm domínio sobre o mundo material, e parte da humanidade se submete a elas. Por isso dizemos que o inferno está na Terra e nela permanecerá até a seleção que se aproxima.

É na luz do mundo interior que encontrarás tua esperança, teu rumo e teu alento. Não te desvies jamais.

Não te perturbes com o caos que presencias, pois há permanente interação entre Nós e ti. Mas não te percas. Uma correta vida externa, conforme a Lei e os princípios, é própria dos que elegeram o caminho da Luz.

A humildade te fará reconhecer essa Luz e nela fundir-te, processo interior que se refletirá na matéria dos teus corpos e no teu ambiente necessitado de paz.

Purificada, a Terra será reconstruída e nosso trabalho prosseguirá em conjunto. Operamos fora do tempo e do espaço que conheces, nossa união é na eternidade.

+

Quando transcenderes aspectos humanos que ainda te limitam, mesmo sem contato consciente com a realidade suprafísica, não perderás a fé. Ainda que não possas perceber nossa presença, recordarás que estás vivendo e atuando em todos os planos de consciência, desde o material até o imaterial e sublime. Saberás que apenas uma parte do teu ser tem a ilusão de haver rompido o elo conosco. Nunca te baseies nessa falsa impressão de que estamos separados.

Clama por tua Hierarquia. Já sabes como fazê-lo, e esse é um clamor espontâneo.

Uma Hierarquia não age num único planeta. Está conectada com infinitas outras Hierarquias e atua diferentemente em vários planos do cosmos. Para onde quer que transmigres, estaremos contigo, e tu conosco.

Trabalhamos juntos. Teus corpos estão tendo as energias transmutadas, e conexões da tua consciência estão sendo formadas com planos de existência superiores. Cada vez mais estarás em contato conosco, e por teu intermédio transmitiremos energias que infundem harmonia e beleza no plano material.

Se permaneceres esquecido de ti, nada te afastará desse serviço e dessa doação — mas do assédio de forças retrógradas não serás poupado, porque teu próprio ser aceitou viver neste planeta em tempos de agudos conflitos.

Faz das dificuldades um estímulo para dissipar sombras e iluminar o mundo.

+

Formamos uma rede de amor e verdade que atua em todo o universo, atraindo os seres que estão prontos para responder à sua vibração. Afinados com essa espiritual harmonia, transformam-se intensamente.

Para muitos os corpos terrestres deixam de ter excessiva importância, e eles se liberam do envolvimento com fatos materiais pela ação benéfica dessa rede salvadora. Elevam-se, e sua consciência se funde conosco neste plano onde em fraternidade trabalhamos.

Forças contrárias e retrógradas varrem os planos inferiores, mas não se aproximam da nossa aura de pureza e paz. Quem puder ouvir isto que ouça.

A fortaleza interna é um dom de teu ser profundo e a ele deves coligar-te. Por duras provas passarão os que permanecem apegados aos planos da matéria.

Não fujas do que acontece atualmente na parte externa do mundo, mas eleva-te. Assim, sem estares tocado pelos conflitos, poderás servir. Avança no caminho da Luz e pratica a Lei.

+

Os seres são resgatados por etapas que estão sendo cumpridas pelas Hierarquias. À medida que suas energias se elevam, vão-se rompendo as telas etéricas que separam os vários planos da consciência, que então se integram.

Esse processo se concluirá em ti antes de ajudares no resgate de teus semelhantes. À medida que avanças atuarás em vários planos, desempenhando tarefas com outros irmãos.

Estás sendo instruído internamente e podes perceber reflexos disso em tua vida cotidiana. Ensinamentos te são dados também pela experiência nos níveis materiais. Nesses, os seres passam pela escola da dor e do sofrimento e pela da vontade e da opção.

Através de muitas escolhas chegaste até aqui. Através da provação aprendeste a renúncia e te ergueste ao plano em que és reconhecido por nossos mensageiros e elevado a esferas de consciência sublimes.

Mas guarda-te da tentação.

+

Nossas indicações são simples, mas só têm valor se postas em prática. Segundo a lei da verdade, contatamos-te. Segundo a lei do amor, abençoamos-te. Segue, não te distraias.

Tocamos os teus sentimentos e os teus pensamentos para transmutá-los; assim te ajudamos a deixar antigos hábitos. Isso fazemos para que também teus corpos materiais possam elevar-se, pois toda a substância que compõe este planeta vai sutilizar-se.

O contato de membros da humanidade terrestre conosco faz parte de um plano de liberação dos átomos materiais. Se te dispuseres a estar em sintonia com esse plano, serás erguido a patamares ainda desconhecidos. Em cada um dos teus corpos ocorrerá a transformação necessária, e saberás a tarefa que tens a cumprir.

Vem, e assume a tua posição.

A ti trazemos energias de unidade. Sê o cálice que recebe essas dádivas para derramá-las sobre a Terra, curando-a. Deitamos raios de transformação sobre ti, convocando-te ao serviço e à integração no cosmos.

Tua família espiritual, aqueles com quem compartilhas a mesma sintonia interna, está disseminada por todo o universo; poderás reconhecê-la e com ela compartilhar a alegria do serviço se dissolveres os laços com a matéria, laços que te separam da Realidade maior.

Sozinho vieste a este mundo, e sozinho ficarás diante da Luz interior que te fará reencontrar-te. Mas quando as vendas caírem de teus olhos saberás que em grupo deves trabalhar, crescer e amar.

+

A Terra, que como mãe acolheu todos os seres, está contaminada e devastada pelo abuso da presente civilização. A água que regou culturas, mitigou a sede e sempre curou já não pode absorver os excessivos detritos que recebe. Os céus escurecem com densa poluição e em breve não haverá áreas de ar puro e renovador. A radiação nuclear silenciosamente intensifica a degeneração dos corpos que hoje pedem o socorro que não obtêm.

É impossível esconder os sinais das grandes mudanças que estão para vir. Quem mantiver acesa a sua própria luz e, vigilante, aguardar o chamado interno, estará num novo estado de consciência e de vida. A ti, que essa atitude vens cultivando, a ti nos dirigimos.

Quando o caos atingir os quatro cantos da Terra, recolhe-te em oração e tem fé na sabedoria que te conduz. O que necessitares a ti chegará.

Grandes são as necessidades no planeta; cada ser humano que assumir o trabalho de transmutação de forças involutivas torna-se um colaborador na purificação da órbita terrestre. Muitos já atuam em planos internos, nas bases invisíveis de operações de resgate. Elas abrigam naves que se materializam e se desmaterializam cada vez mais abertamente aos olhos dos que se acercam para participar desses trabalhos. Disso já tens ciência, e muito mais saberás.

Quando um ser humano pode espelhar nossa energia com fidelidade, pureza e transparência, sua receptividade o leva a trabalhar conosco. As suas necessidades na vida de serviço são então supridas, porque esse servidor do Plano atrai colaboração.

Diferentes podem ser os níveis de compreensão e contato com a vida sutil. O grau evolutivo da consciência é que os determina. Seres ainda primitivos desejam aproveitar-se de riquezas, mas só conseguem contatar o plano astral, e ali acirram os seus desejos. Outros, pouco mais avançados, ambicionam o poder do plano mental e, por não conhecerem a Lei, usam mal as energias. Esses níveis não têm luz própria e são vulneráveis às forças contrárias à evolução.

Os que já despertaram para níveis superiores nada mais ambicionam, são reconhecidos pelas Hierarquias e tornam-se canais de expressão da Lei. Nada lhes faltará.

+

Criaturas em graus evolutivos diferentes podem participar de um mesmo serviço espiritual. Considera, pois, a todos preciosos para o Plano evolutivo. Quanto mais brilhante a Luz interna de alguém, maior o seu potencial para inspirar os outros nas tarefas universais para estes tempos.

Um impulso espiritual não é propriedade de ninguém. Mas não basta ter isso como verdade apenas em tua mente; deves perceber, profundamente, que não existe posse nem antagonismos no trabalho hierárquico.

Uma consciência elevada atrai as que, em comunhão interna, compartilham uma energia de qualidade superior.

+

Não sabes o que de fato necessitam os demais. As provas que lhes são apresentadas pertencem ao caminho que lhes cabe trilhar. Por isso, guarda-te de te condoeres de seus problemas. A convicção baseada em raciocínios ou em impressões materiais é um dos enganos de que deves afastar-te.

A melhor ajuda que podes prestar aos teus irmãos é a busca da força interior em ti mesmo. Prossegue teu caminho com fé e em oração. Estas são as chaves para reconheceres o rumo a tomar e para silenciosamente colaborares com a evolução de todos.

Além do caos verás o despertar, a iminência de uma nova vida. Dos encontros conosco nos planos internos virá para ti o alimento que te manterá firme na meta. Mas sê silencioso, não alardeies as tuas experiências.

+

A cada patamar um horizonte mais amplo poderás vislumbrar e terás maior compreensão das virtudes que no caminho de ascensão podem surgir. Verás a entrega unir-se à obediência voluntária e não forçada. Conhecerás a obediência espontânea por uma visão interna dos rumos a serem seguidos.

Mesmo encarnado em corpos como os teus, poderás exercer a obediência se te distanciares das vozes do intelecto humano ainda não iluminado.

Os que começam a ser imparciais em sua vida, a transcender o próprio ego, aprendem a responder ao que conhecem da verdade. E como a todos está aberta a prática da vontade espiritual, tu a encontrarás. A firmeza cresce e desenvolve-se nos que tomam com decisão esse caminho de Luz.

+

No seio do cosmos está a tua origem. No caminho de retorno para lá, resquícios da experiência humana são queimados no ardor da Luz, e a verdadeira veste de cada ser é então reconhecida.

Pelo louvor chegarás a descobertas transcendentes, mas este espírito não é alcançado com pedidos nem com sentimentalismo. O louvor nasce da coragem e da determinação de avançar em direção à Luz.

Diferentes níveis de vida poderão revelar-se em tua ascensão. Hás de penetrar, retirando véu após véu, a realidade que te sustém.

Assim como cruzamos os céus como luzes viageiras purificando os ares, a Luz do teu espírito penetra a tua consciência e a eleva. Atenta ao que dizemos: não há mais tempo para te perderes nas sombrias veredas da vida humana. Não esperes estar pronto para caminhar na Luz — avança assim como te encontras, pois teu novo estado já te aguarda.

Os movimentos da energia das nossas naves cultivam o teu magnetismo. É uma ação silenciosa, mas podes percebê-la. Quando estás em sintonia conosco, ocorre esse milagre; e quando uma de nossas naves se aproxima criam-se condições para que a purificação, a cura e a elevação se realizem em ti e no mundo em que te encontras.

Nos sons em forma de mantras ou de oração tens um instrumento para colaborar no que está sendo destinado ao teu planeta: a transmutação da sua aura poluída.

Os que se coligam com os mundos sutis por meio dos mantras ajudam no despertar e na afirmação de contatos internos dos demais. Na verdade, o que fizeres para conscientizar e manifestar a vibração imaterial nas dimensões concretas da existência é uma forma de serviço, uma ajuda ao resgate dos seres.

Parte 3

Desde épocas remotas há na Terra seres avançados que transmutam e sublimam energias. Eles provêm de outros corpos celestes e se manifestam nos níveis mais densos para o cumprimento de um plano evolutivo. Sem laços com a matéria, contribuem para o desenvolvimento da consciência humana.

Seu trabalho é oculto e invisível. Mesmo quando revelado, muitos não o compreendem, como sabes. Mas alguns seres humanos são treinados para colaborar nessa tarefa, e conheces vários deles. Pertencem a grupos de almas que se encarregam de serviços nestes tempos, e suas energias estão sendo adaptadas ao que devem cumprir.

Há centros de resgate em áreas do plano físico sutil do planeta. São bases de operações para lidar com grande movimentação de energias. Atuarão mesmo que alguns seres humanos a eles coligados deixem de cumprir as promessas feitas em seu mundo interior.

Muitos envolvem-se tanto com buscas materiais, que ignoram os sinais do Espírito. Seus argumentos podem ser sensatos nos planos concretos, mas deves levar em conta que acima desses planos há leis de sabedoria mais vasta.

O contato com o mundo sutil da fé e da entrega não depende de raciocínios. O caminho espiritual autêntico não dá garantias nem oferece apoio a estados de inércia e cristalização. Sempre te serão pedidos despojamento e confiança na vida superior que ainda não conheces.

Podes optar por te manteres num plano intermediário, pouco acima daquele em que hoje te encontras; mas para uma nova vida implantar-se sobre este planeta é necessário mais que isso.

Nada exigimos de ti, nem podemos colocar-te em um nível que não escolheste, ou iludir-te afirmando que estás em um ponto que na verdade não corresponde aos passos que deste. Deves ter clareza quanto ao que podes assumir e quanto ao que podes ousar.

Chamamos-te, assim como és, ao serviço abnegado ao mundo e oferecemos-te a certeza de que estaremos sempre contigo.

Nada mais te prometemos, porque a vida interior não são trocas nem recompensas. Se ainda necessitas purificar-te, não terás apenas dias de júbilo e alegria. Entretanto, saibas que, se te puseres acima dos níveis materiais, perceberás a luz, o amor e a paz, que nunca te faltarão se quiseres encontrá-los.

Se buscas a harmonia, mas segundo os padrões que conheces, teu futuro não diferirá da mediana qualidade da tua vida atual. Amplia teus horizontes; aspira ao que não tem forma, aspira à plenitude. Vai ao encontro do desconhecido.

Deixa que teus corpos materiais possam ser definitivamente curados de seus vícios ancestrais.

+

Se uma tarefa deve ser cumprida nos planos concretos, ela recebe do plano etérico um grande impulso. O mundo físico e o etérico aproximam-se, e assim se forma uma conexão com as Hierarquias e suas energias. Essa união é requerida na abertura de áreas de contato e na criação de núcleos de cura, que são sempre necessários.

Se estás pronto a servir, a ordem cósmica te reunirá aos que poderão complementar-te em doação e perfeição. Encontrarás os que podem compensar as tuas limitações. Sem orgulho, deves aceitar ajuda.

+

A verdade é única e absoluta, mas o grau que podes perceber de sua luz infinita depende do nível que tiveres alcançado.

Assim como buscas aproximar-te de Nós, voltamo-nos a ti. Indicamos-te o caminho de regresso à tua origem imaterial.

Farás contatos conscientes com dimensões sutis quando estiveres receptivo à unificação com tua própria essência. Envia aos céus um profundo louvor Àquele que te criou, e serás elevado. Não esperes mais.

Quando entras em confronto com fatos externos ou com desarmonias, provocas distúrbios em teu ser e na entidade-grupo a que teu Espírito pertence. Interrompes assim tua ascensão. A entidade-grupo recebe os reflexos das condutas dos seus componentes e, se estas não forem elevadas, fica exposta a forças adversas.

Quando vires que tua ação é inadequada, volta-te para teu interior e recolhe ajuda para transcender o ponto em que te encontras enredado.

Tens sempre o que transmutar. Recebes continuamente o caudal de forças que penetram teu ambiente e que precisam ser elevadas e transformadas. Portanto, não descuides de teus pensamentos, sentimentos e ações, não os julgues de pouca importância.

Mantém com determinação a sintonia com planos sutis. Ama a Luz e saibas que não és apenas um indivíduo: és parte de um grupo que recebeu uma tarefa.

+

Por meio do serviço impessoal, podes libertar-te e ingressar em esferas regidas por leis de harmonia. Estarás sob a regência dessas leis sublimes se aplicares, uma a uma, as leis menores que te foram reveladas.

A prática de mantras* tem papel importante na aprendizagem do cumprimento dessas leis universais. Se for consumada, as Hierarquias se

* Vide Mantras e Partituras, página 63.

aproximam da tua consciência e preparam-te para novos passos.

Na presente etapa, a organização da tua vida externa é o esteio para as energias espirituais atuarem no plano material. Atenta para teus desejos, sublima tuas ilusões e lembra-te: a falsidade é a chaga desta civilização. Sê sincero diante de teus votos espirituais, entrega-te a uma vida cada vez mais pura. Liberta a luz que existe em teu interior, realizando a Lei em ti mesmo.

+

O amor permeia as obras inspiradas pela Hierarquia, e perante ele todas têm igual valor. Portanto, todas as tarefas são acolhidas com a mesma prontidão pelos que se devotam a essas obras. Alguns realizam trabalhos sutis, outros são terminais de grandes redes de serviço evolutivo e atuam nos planos mais densos da matéria. Para ti deve ser indiferente uma tarefa ou outra — importa-te cumpri-la com as mãos e com o coração.

Os disponíveis para o serviço evolutivo são convocados e de imediato reconhecem o trabalho a ser cumprido. Para atenderem prontamente a esse chamado, envolvimentos humanos não podem persistir. Para sua resposta ter a agilidade necessária, precisam abrir mão de preferências e conceitos equivocados.

No preparo dos colaboradores de nossos Comandos visamos coragem, precisão e prontidão; por isso, em redes de serviço evolutivas não conseguem manter-se os que vibram apenas no nível humano, onde essas virtudes são raras e efêmeras.

A transcendência do ego, a transmutação de aspectos humanos, é um requisito para atuares na operação de resgate planetária. A ausência de dúvidas, o discernimento e o vívido conhecimento da existência de mundos suprafísicos são essenciais para trabalhares em comunhão conosco.

+

A projeção de nossas energias em tua tela etérica organizada e limpa te transmitirá nossa vibração e te preparará para o encontro conosco.

No nível de densidade em que estás, teu corpo físico-etérico, teu corpo emocional e teu corpo mental não suportariam ser colocados no interior da nossa aura magnética. O impacto da onda de energia romperia a ligação das tuas partículas, desagregaria as tuas células.

Teus corpos estão sendo preparados para contatar nossa energia. O momento de maturação do fruto cuidadosamente preservado aproxima-se e chegará a hora em que estará pronto para ser ofertado. As sementes da nova vida que se implantará na Terra encontram-se nesse fruto. Estão dentro de ti.

Não ambiciones riquezas tangíveis, se aspiras aos tesouros do cosmos. Enquanto carregares bens materiais e a eles estiveres apegado, não terás leveza para te ergueres aos planos em que estamos trabalhando.

Liberta-te dos apegos, um por um ou, se puderes, todos de uma vez. O resultado da desobstrução dessas forças estagnadas será uma luz na tua via de ascensão e na de outros que também buscam unir-se com a própria essência.

Teu único bem é a vida do Espírito, infinita, eterna e imutável. Permanece nessa certeza e te conduzirás com mais consciência nos dias que te restam na vida material.

+

A alguns sobram os bens de Deus que a tantos faltam! Mas nestas horas não te envolvas com tais desequilíbrios; ter consciência deles deve ser tão-só estímulo para que tua conduta seja ainda mais equilibrada e harmoniosa. Não é somente um trabalho filantrópico que te está sendo pedido, mas a transformação definitiva de teus padrões energéticos. Escutaste bem isto?

Sabes quantas pontes terás de atravessar para visualizar o outro lado do rio?

Terás clareza e não te deixarás enganar, se tiveres puro o coração e firme a decisão de chegar ao destino espiritual. Não alimentes mais apego algum, pois isso te desviaria das tuas metas supremas.

As falácias da mente trarão as justificativas para te manteres atado a circunstâncias, a pessoas ou a objetivos egoístas. Mas passarás nessa prova se decidires prosseguir no caminho para a vida imaterial, ser fiel aos votos que fizeste perante o teu Espírito imortal.

+

O caminho se faz ao cumprirem-se etapas de um trabalhoso percurso. Mas tocado pela Graça, serás por fim elevado. Conta com a sabedoria e com a misericórdia da infinita fonte de amor que nutre a todos.

Quando nada mais puderes fazer por ti mesmo e, após tentar por todos os meios, não lograres dar passos adiante, verás a graça descer sobre ti, com sua energia de transformação. Em resposta ao teu esforço, e pelas portas que nesta e em outras vidas abriste em teu caminho ascendente, serás tocado por ela.

+

Muitos que nesta existência se sentem afastados das energias do espírito terão necessidade de se reunir conosco. Como eles te observam, prepara-te para ser referência e exemplo dessa aproximação com o sublime.

Participarás conscientemente do nível espiritual e do nível divino da existência quando conseguires desapegar-te da forma. A ativação do teu fogo interno e da tua luz dependem do desapego. Tua atuação conforme as leis desses níveis superiores é possível se estiveres liberto da atração pelo mundo material e se te decidires pela vida maior.

+

Alguns estão prontos para assumir tarefas que até hoje foram cumpridas só por Nós. Uma delas é a transmutação das toxinas continuamente lançadas na aura do planeta, que pode ser realizada por curadores e por seres-contato da própria humanidade.

Essa química acontece sem a pessoa ter consciência, e assim deve ser. A atribuição dos que se dispõem a esse serviço é manter os corpos afinados com nossos movimentos.

Sem buscar retribuições ou querer ver os frutos do trabalho, a existência desses seres é ofertada ao serviço evolutivo. Se queres ser um deles, eleva-te, torna-te cada vez mais humilde e amplo, distancia-te de quimeras humanas. Ora, ora sempre.

A verdadeira alegria não é essa desordem nem o descontrole emocional que bem conheces. A ela chegarás quando te puseres a servir desinteressadamente e esquecido de ti.

A resposta positiva que deres à renúncia repercutirá em larga escala nos níveis internos do teu ser. Combinações energéticas se definirão conforme o grau de desapego da matéria que puderes alcançar. Afasta a vaidade, a soberba e o orgulho, traz ao teu mundo consciente a responsabilidade a ti confiada e toma a direção que te foi mostrada.

Tens a Luz a te guiar. Solta os laços materiais para participares claramente da tua evolução e da ascensão do planeta em que te encontras.

As informações que hoje recebes referem-se à tua etapa atual. Se te fossem transmitidos impulsos mais intensos, não os poderias suportar. Mais saberás quando o que te prende for dissolvido.

Nos mantras que descobrirás ficará mais evidente um ou outro aspecto do trabalho oculto que realizam. Mas todos aproximam-te dos planos imateriais, que são a tua meta e o teu destino cósmico.

APÊNDICE

Mantras e Partituras

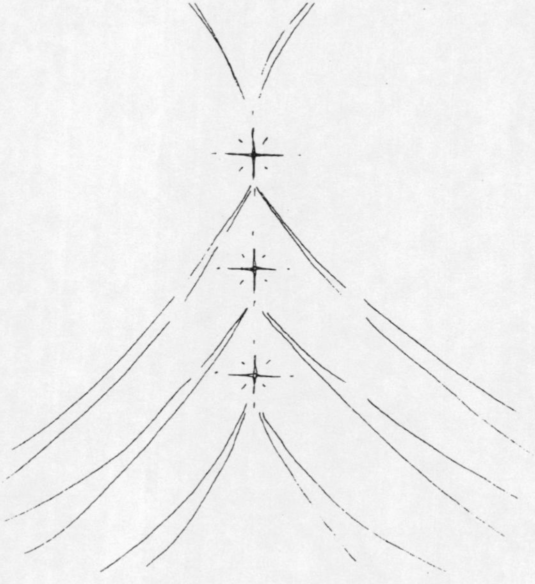

Baseado no GLOSSÁRIO ESOTÉRICO,
de Trigueirinho, 3ª edição.

Mantras são combinações rítmicas de palavras ou de sons que, oriundos de fontes suprafísicas e inspirados pela Hierarquia espiritual, produzem efeitos ocultos. São instrumentos criadores: podem invocar energias, edificar ou dissolver estruturas sutis e plasmar estados sublimes, seja na pessoa que os emite, seja no ambiente em que ela está — desde que entoados com atitude de entrega e reverência ao eu interior e ausência de ambições.

Cada uma das correntes de energia cósmica que compõem a Hierarquia gera seus próprios mantras e os revela silenciosamente à pessoa, no profundo do seu ser, no tom e no ritmo adequados ao momento.

Na Índia, mantras são usados há milênios para suprimir a tendência divagadora da mente. Também entre os sufis da Pérsia, entre os lamas do antigo Tibete e na Igreja Romana e na Oriental são muito empregados, sendo nestas últimas encontrados principalmente nos salmos.

O correto uso de mantras pode repercutir em toda a órbita planetária, como se apreende do serviço prestado por místicos que através dos séculos os entoaram com extrema pureza.

Os mantras podem ser inócuos ou ter conseqüências negativas se ao entoá-los houver na pessoa ambição, ânsia de poder ou intenção de atingir alguma meta material. Explorá-los comercialmente, por exemplo, elimina a possibilidade de gerarem efeitos espirituais. Se ao usá-los a intenção não for pura, o vórtice energético produzido atrai forças involutivas.

Para captar os sons mântricos é preciso grande pureza. Se a pessoa não estiver sintonizada com o nível mais alto da própria consciência, ela pode encontrar no plano mental fórmulas produzidas por entes negativos; pode envolver-se em trabalhos de magia feitos nesse plano, e assim engendrar mau carma e desvitalizar-se ou corromper-se.

Os mantras são chaves para o mundo interior, como este para contato com a realidade suprafísica: AI KIKI MAUA SHIKUMA / SHIRIBANTU SAIRA MANA / AIKI AIKI SHIKHUMA / SHIKHUMA / SHIKHUMA (pronúncia: *ai quiqui maua sicuma / siribantu saira mana / aiqui aiqui sicuma / sicuma / sicuma).*

Nesta época em que o idioma cósmico Irdin pode ser redescoberto, o uso de mantras toma nova dimensão e visa à formação interna, ao preparo para o resgate e à elevação espiritual. Para captar tais mantras é necessário ter devoção e buscar conectar-se com eles.

O idioma Irdin não é para conversação, é uma língua sagrada. Seus sons têm o poder de auxiliar na plasmação das estruturas etéricas necessárias aos trabalhos das energias evolutivas que atuam no cosmos.

Há mantras válidos por períodos breves, tais como os que preparam grupos e indivíduos para o contato com realidades sutis e supraterrestres. Mas depois de cumprirem sua tarefa, deixam de ser vivificados pelas fontes que os inspiraram. Alguns continuam válidos por longo ciclo, como HUAMANAYKHA SHIMINIKHA, que significa "Neste encontro honro-Te, Senhor".

Cada indivíduo tem um mantra, correspondente ao seu próprio "som" no nível espiritual; fato análogo ocorre com grupos, nações, planetas e galáxias.

Os mantras podem ser usados na busca de uma vida mais elevada, na construção de um canal sutil para o cumprimento de tarefas altruístas ou, simplesmente, para glorificar a Fonte Criadora do universo: IRI SHIRIN MAGUAK SIKIUK (pronúncia: *iri chirin mauac siquiuc*).

O modo de entoar um mantra não é fixo e deve ser ajustado a cada momento. Se isso for feito corretamente, reforça-se a ação das energias internas sobre o plano etérico do ambiente e sobre a aura dos que nele estão. Nunca se deve entoar um mantra mecanicamente.

O uso de mantras deve partir de uma adesão interna à energia que exprimem. Cada indivíduo e cada grupo descobrirão o seu modo de fazê-lo. O importante é que a devoção esteja sempre viva. Essa atitude positiva permite a purificação gradativa da aura individual, grupal e planetária. É mantida sem esforço quando há alinhamento com o próprio eu interior e com a Hierarquia.

Nenhuma inclinação humana deveria predominar nas atitudes dos que se abrem ao serviço impessoal, de repercussão profunda, que por meio dos mantras se faz.

+

A seguir apresentamos mantras adequados para os tempos de transformações intensas que estamos vivendo. Na orientação sobre a pronúncia desses sons, as vogais tônicas estão sublinhadas.

Nas partituras procurou-se seguir o mais fielmente possível a melodia e o ritmo dos cantos originais.

Oferta do próprio ser para o encontro interior

URU SHANTI NARAUGUAM
URU SANI GUARU
SABIRANTU NARAUGUAMA
ITI
SHANTI NAURU

Pronúncia:
uru chanti narauam
uru sani uaru
sabirantu narauama
iti
chanti nauru

Semínima pontuada = 52

Disponibilidade para a purificação dos corpos materiais

OKUKA BANAI ITI
OKUKA BANAI ITI
SHIBANA KIKI NAGUA
SHIBANA KIKI NAGUA

Pronúncia:
ocuca banai iti /
ocuca banai iti /
chibana quiqui naua
chibana quiqui naua

Semínima = 100
O - ku - ka ba - nai i -
ti o - ku - ka ba - nai i -
legato
ti shi ba - na
legato
ki - ki na - gua shi -
ba - na ki - ki na - gua

Coligação com a Nave Alfa

SOHIN
SOHIN / SOHIN / SOHIN
MANUAK SIKIUK NAGUA
MANUAK SIKIUK NAGUA

Pronúncia:
soin
soin / soin / soin
manuac siquiuc naua
manuac siquiuc naua

Semínima = 70

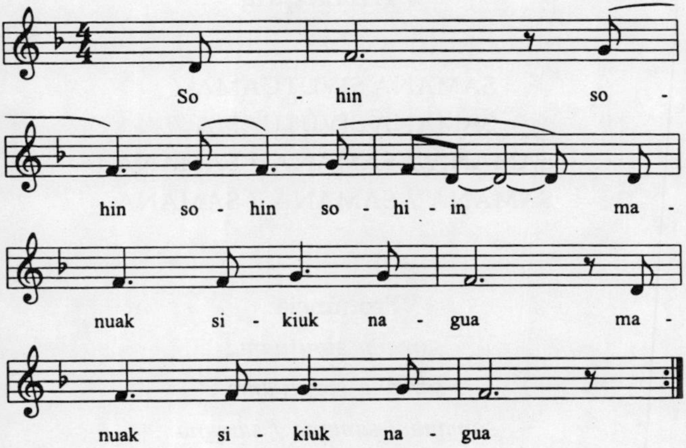
So - hin so -
hin so - hin so - hi - in ma -
nuak si - kiuk na - gua ma -
nuak si - kiuk na - gua

Coligação com a Hierarquia

SAMANA SIVUTUAMA /
SAMANA SIVUTUAMA /
SAMANA / SAMANA / SAMANA
SAMANA / SAMANA / SAMANA

Pronúncia:
samana sivutuama
samana sivutuama
samana / samana / samana
samana / samana / samana

Semínima pontuada = 50

Confirmação dos votos interiores, saudação

SAITI IMU /
SARUAH IKU /
SAITI SARUAH IMU /
SAITI IMU /
SARUAH IKU /
SAITI SARUAH IMU /
SAITI SAITI

Pronúncia:
saiti imu
sarua icu
saiti sarua imu
saiti imu
sarua icu
saiti sarua imu
saiti saiti

Semínima pontuada = 45

Entrega e devoção ao mundo interior, elevação das energias

SARU / SARU / SARU
SARU TIMINA ICA SIKU
SARU / SARU / SARU
SARU IMINA NA BANTU
SARU / SARU / SARU

Pronúncia:
saru / saru / saru
saru timina ica sicu
saru / saru / saru
saru imina na bantu
saru / saru / saru

Semínima = 62

Sa - ru Sa - ru Sa -
ru - u - u - u Sa - ru ti - mi - na
ica si - ku Sa - ru Sa - ru Sa -
ru - u - u - u Sa - ru i - mi - na
na ban - tu Sa - ru Sa - ru Sa -
ru - u - u - u

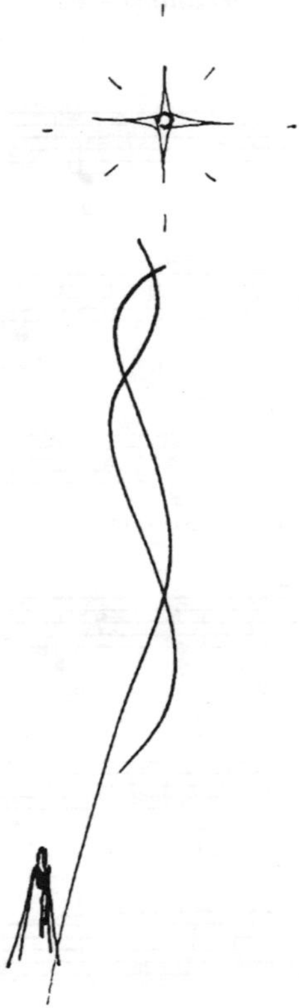

LIVROS DE TRIGUEIRINHO

Publicados pela Editora Pensamento (Brasil) e
pela Editorial Kier (Argentina)

— 1987 —

NOSSA VIDA NOS SONHOS
A ENERGIA DOS RAIOS EM NOSSA VIDA

— 1988 —

DO IRREAL AO REAL
HORA DE CRESCER INTERIORMENTE
(O Mito de Hércules Hoje)
A MORTE SEM MEDO E SEM CULPA
CAMINHOS PARA A CURA INTERIOR

— 1989 —

ERKS - *Mundo Interno*
MIZ TLI TLAN - *Um Mundo que Desperta*
AURORA - *Essência Cósmica Curadora*
SINAIS DE CONTATO
O NOVO COMEÇO DO MUNDO
A QUINTA RAÇA
PADRÕES DE CONDUTA PARA A NOVA HUMANIDADE
NOVOS SINAIS DE CONTATO
OS JARDINEIROS DO ESPAÇO

— 1990 —

A BUSCA DA SÍNTESE
A NAVE DE NOÉ
TEMPO DE RETIRO E TEMPO DE VIGÍLIA

Continua ⇨

1991

PORTAS DO COSMOS

ENCONTRO INTERNO *(A Consciência-Nave)*

A HORA DO RESGATE

O LIVRO DOS SINAIS

MIRNA JAD - *Santuário Interior*

AS CHAVES DE OURO

1992

DAS LUTAS À PAZ

A MORADA DOS ELÍSIOS (1992-1995)

HORA DE CURAR *(A Existência Oculta)*

O RESSURGIMENTO DE FÁTIMA *(Lis)*

HISTÓRIA ESCRITA NOS ESPELHOS
(Princípios de Comunicação Cósmica)

PASSOS ATUAIS

VIAGEM POR MUNDOS SUTIS

SEGREDOS DESVELADOS *(Iberah e Anu Tea)*

A CRIAÇÃO *(Nos Caminhos da Energia)*

O MISTÉRIO DA CRUZ NA ATUAL
TRANSIÇÃO PLANETÁRIA

O NASCIMENTO DA HUMANIDADE FUTURA

1993

AOS QUE DESPERTAM

PAZ INTERNA EM TEMPOS CRÍTICOS

A FORMAÇÃO DE CURADORES

PROFECIAS AOS QUE NÃO TEMEM DIZER SIM

A VOZ DE AMHAJ

O VISITANTE *(O Caminho para Anu Tea)*

A CURA DA HUMANIDADE

—— 1993 *(continuação)* ——

OS NÚMEROS E A VIDA

(Uma nova compreensão da simbologia oculta nos números)

NISKALKAT

(Uma mensagem para os tempos de emergência)

ENCONTROS COM A PAZ

NOVOS ORÁCULOS

UM NOVO IMPULSO ASTROLÓGICO

—— 1994 ——

CONFINS DO UNIVERSO

(Novas revelações sobre ciência oculta)

BASES DO MUNDO ARDENTE

(Indicações para contato com os mundos suprafísicos)

CONTATOS COM UM MONASTÉRIO INTRATERRENO

OS OCEANOS TÊM OUVIDOS

A TRAJETÓRIA DO FOGO

GLOSSÁRIO ESOTÉRICO

—— 1995 ——

A LUZ DENTRO DE TI

—— 1996 ——

PORTAL PARA UM REINO

ALÉM DO CARMA

—— 1997 ——

NÃO ESTAMOS SÓS

VENTOS DO ESPÍRITO

O ENCONTRO DO TEMPLO

A PAZ EXISTE

Continua ⇒

1998

CAMINHO SEM SOMBRAS
MENSAGENS PARA UMA VIDA DE HARMONIA

1999

TOQUE DIVINO
AROMAS DO ESPAÇO
NOVA VIDA BATE À PORTA
MAIS LUZ NO HORIZONTE
O CAMPANÁRIO CÓSMICO
NADA NOS FALTA
SAGRADOS MISTÉRIOS
ILHAS DE SALVAÇÃO

Os recursos gerados pelos direitos autorais
de todos os livros de Trigueirinho são revertidos na
manutenção de centros espirituais que
não se vinculam a instituições, organizações,
seitas ou entidades de nenhum tipo.

Leia também:

ALÉM DO CARMA

Trigueirinho

À medida que o ser humano cresce em consciência, sua compreensão acerca da lei do carma vai mudando. Deixa de vê-la como mero instrumento para compensar erros cometidos no passado e reconhece-a como meio infalível para realizar a meta superior da vida. Passa a notar que a lei do carma está presente em vários níveis da existência e que age de diferentes formas; é então que vem a cooperar com ela de maneira inteligente. Já não é apenas ator no próprio destino, mas colaborador efetivo da evolução, um verdadeiro criador.

GLOSSÁRIO ESOTÉRICO

TRIGUEIRINHO

Com mais de mil verbetes acerca do que se passa na Terra
e no ser humano nesta época de transição,
esta obra vai ao encontro tanto dos que estão despertando para a
vida interior, quanto dos que já aderiram a ela.
Esclarece aos que buscam a verdade e anseiam penetrar o lado
desconhecido da existência humana, planetária e cósmica.
Mostra que, enquanto se colhe a semeadura de ciclos passados,
planta-se a vida futura na Terra.

ALQUIMIA, MISTICISMO, LOGOS PLANETÁRIO, ANARQUIA DIVINA, RAIOS, RELIGIÃO, GRUPOS INTERNOS, SAINT GERMAIN, ANDROGINIA, NAVE ALFA, APARIÇÕES DA VIRGEM, ASTROLOGIA, SONHOS, ENERGIA SEXUAL, CONE SUL, BASE DE OPERAÇÕES, CENTRO DE MISTÉRIOS, ARCANJO, NAVE-LABORATÓRIO, CENTRO DE TRASLADO, TRANSMUTAÇÃO, ANTIMATÉRIA, TRANSMIGRAÇÃO, REINO ANGÉLICO, HIERARQUIA INTERNA DA TERRA, ELEMENTAIS, MÔNADA, CENTROS ENERGÉTICOS DO PLANETA, DIMENSÃO, AURA, CORPO GRUPAL, LEMÚRIA, MAGNETISMO, CENTROS ENERGÉTICOS DO SER, VIDA DIVINA, ENSINAMENTO ESOTÉRICO, CONFEDERAÇÃO INTERGALÁTICA, DEVA, MEDICINA, CRISTO, CORPO DE LUZ, ESPELHOS DO COSMOS, CULTURA, MANTRAS, UFO, ETAPAS EVOLUTIVAS DO HOMEM, LEI DO CARMA, CENTRO INTRATERRENO, EXTRATERRESTRES, OPINIÃO PÚBLICA, MEDITAÇÃO, FRATERNIDADE CÓSMICA, RESSURREIÇÃO, NÍVEIS ARDENTES, FILHOS DAS ESTRELAS, OPERAÇÃO RESGATE, IMPULSOS CÓSMICOS, INICIAÇÃO, TRIÂNGULO DAS BERMUDAS, RONCADOR, RAÇA, PASSAGENS INTERDIMENSIONAIS, PIRÂMIDE, MEMÓRIA, MAGIA, IGREJA, FRATERNIDADE DO MAL, PESQUISAS EXTRATERRESTRES, PROFECIA, APOCALIPSE, POLARIDADE FEMININA DO PLANETA, ATLÂNTIDA, PSICOLOGIA ESOTÉRICA, ASHRAM, INTRATERRENO, SIGNOS CÓSMICOS, AVATAR, ESSÊNIOS, etc.

Editora Pensamento